Djemilah

www.casterman.com

ISBN 978-2-203-38813-0
N° d'édition : L.10EBBNCF1808.C007

© Casterman 1994

Achevé d'imprimer en septembre 2012 en chine par Book Partners China Ltd. Dépôt légal : août 1994 ; D. 1994/0053/187

Jacques Ferrandez
Carnets d'Orient
Djemilah

Chapitre 1
DJEMILAH

...ox à peine le croire. **Le 24 mai 1836**
Me voici en Afrique - Voilà le triangle d'Alger,
...it le Capitaine . Forts, murailles crénelées,
...minarets des mosquées...

Al Djezaïr
comme l'appellent
les Arabes.

Des canots viennent à notre rencontre.
Maltais, Mahonnais, Provençaux, des Canailles
de tous les pays du monde.

Une cohue de tous les types de
la Méditerranée qui s'agitent
sur le débarcadère et se
disputent les bagages
des voyageurs
en vociférant
dans un
langage qui
est comme le
détritus de toutes
les langues. Rencontrer dans
la réalité ce qui jusqu'alors n'a été pour moi que costumes
d'opéra et dessins d'albums est une des plus vives impressions
qu'on puisse éprouver en Voyage...

...ue du port.
...rio doit venir m'attendre
Je ne vois parmi ces
...sionomies basanées
...un européen
...lui
...emble.

OH! SPAGHETTINO !!

NT EN TRAIN DE CASSER LA ILS FERONT LA MÊME CHOSE PAYS TOUT ENTIER… RIE EST UN PAYS MAGNIFIQUE, E CHOSE À CRAINDRE EST GRAND NOMBRE DE NÇAIS !…

MAIS, MARIO, CES GENS LÀ SONT DES SAUVAGES, TU AS BIEN VU TOUT À L'HEURE COMMENT LE CHAOUCH DISTRIBUAIT LES COUPS DE BÂTON !…

?

TU VERRAS, JOSEPH, TU T'HABITUERAS À CES FAÇONS ET À CES MŒURS ET TU FINIRAS PAR LES GOÛTER POUR CE QU'ILS SONT…

JE SUIS EN CE MOMENT COMME DANS UN RÊVE… J'AI L'IMPRESSION QUE TOUT VA S'ÉCHAPPER…

Je viens de parcourir la ville - Je suis tout étourdi de ce que j'ai vu - J'ai débarqué au milieu du peuple le plus étrange.

Mario est bien installé - Belle maison mauresque. Il fallait être fou comme lui pour installer un cours de dessin à Alger. Je crains qu'à part quelques officiers et administrateurs français, il n'ait pas beaucoup de clients.

J'ai bien peur qu'il ne me soit même difficile de rapporter d'ici beaucoup de dessins de ces Maures. Il me faut faire mes croquis au vol à cause de la mauvaise opinion qu'ils ont sur les images.

Depuis mon voyage à Rome, je n'avais plus revu Mario. Il semble prendre fait et cause pour ce peuple, allant jusqu'à vivre à l'orientale - On jurerait un Turc.

9

Quelques officiers
rencontrés dans son
atelier.

Mario m'étonnera
toujours. J'ai
découvert qu'il
a des liaisons avec
la plupart des femmes
d'officiers dont il
fait le portrait...

Il m'a proposé
de m'emmener visiter
la ville à la nuit
tombée.

Il a ajouté qu'il y
aurait une surprise.

Dans l'encadrement de la porte, 2 femmes, les premières que je vois ici non voilées. Elles n'ont qu'une gaze autour du torse et un pantalon. L'une robuste, bien faite, la deuxième petite, svelte. Elle a été me chercher de l'huile de rose et m'en a frotté les mains...

... gracilité enfantine...

Pièce blanchie à la chaux. Dans un coin, 2 musiciens, un enfant et un vieux, l'œil gauche couvert d'une loque souffle dans une espèce de cornet. Sonorité horrible...

Il faut crier pour qu'ils s'arrêtent

Ses membres tressaillent convulsivement à chaque attaque...

Je me suis senti tigre...

... petite m'entraîne dans son alcôve

Baise pleine de tendresse. Son ventre plus chaud que le mien me brûle comme un fer rouge...

Elle s'endort. Mon doigt passé dans son collier comme pour la retenir...

Sans me déranger, je m'amuse à écraser des punaises sur le mur...

11

OUTES SONT DÉCHAÎNÉS, EN CE MOMENT... LA SEMAINE DERNIÈRE, À LA BERTRAND, ILS ONT SURPRIS 4 OUVRIERS QUI AVAIENT EU L'IMPRUDENCE DE NER DE LEUR FUSIL... ON A RETROUVÉ LEURS CORPS DÉCAPITÉS...

POURRAIT-
MONTER UNE
ON POUR
CES
!...

CE N'EST NI LE DÉSIR NI LE COURAGE QUI NOUS MANQUENT MAIS CE SERAIT PARFAITEMENT INUTILE ! LE TERRAIN, L'HABITANT, TOUT LES FAVORISE...

CETTE NATION NAÎT UN FUSIL À LA MAIN ET UN CHEVAL ENTRE LES JAMBES. IL FAUT BIEN QU'ELLE SE SERVE DE L'UN ET DE L'AUTRE CONTRE QUELQU'UN... CETTE GUERRE NE RESSEMBLE À AUCUNE AUTRE... ELLE DURERA TOUJOURS !...

IL FAUDRA BIEN QU'ELLE CESSE UN JOUR, M. PUZZO. NOUS SOMMES ICI POUR FAIRE RESPECTER LES DROITS ET L'HONNEUR DE LA FRANCE, ET POUR QUE LA CIVILISATION L'EMPORTE SUR LA BARBARIE !...

HUM !...

IRS, JE NE COMPRENDS PAS VOTRE ATTITUDE E PERDEZ PAS UNE SEULE OCCASION DE E CES SAUVAGES, ET D'ADOPTER LEURS ES...

AH! AH!... IL EST VRAI QUE JE PRÉFÈRE LE HASCHISCH AU CHAMPAGNE !...

... MAIS À ALGER, JE NE SUIS PAS LE SEUL... VOS OFFICIERS SPAHIS ONT L'AIR TELLEMENT ARABES QU'ON DIRAIT QU'ILS SE SONT FAIT PRISONNIERS EUX-MÊMES

ON DEVAIT VOUS SUIVRE, NOUS ONS BIENTÔT EN FRANCE LES BLANCS DES MOSQUÉES ET LES ETS SE CONFONDRE AVEC LES IERS, COMME EN ESPAGNE EMB DES MAURES...

DRAIS BIEN VIVRE JUSQU'À CE JOUR !... FRANCHEMENT, JE PRÉFÈRE LES MODES ORIENTALES AUX ES DE LA MODE ANGLAISE. J'ATTENDS LE JOUR OÙ IL SERA ADMIS D'AVOIR PLUSIEURS FEMMES PLUTÔT 'EN AVOIR UNE QU'ON TROMPE AVEC CELLES DES AUTRES...

M. PUZZO, VOUS ÊTES UN PROVOCATEUR, MAIS VOTRE TALENT DE PEINTRE VOUS SAUVE !... QU'EN PENSEZ-VOUS, M. CONSTANT?

Les guerriers Hadjoutes sont terribles. Ils coupent les têtes des fermiers européens et mutilent horriblement leurs cadavres.

Ce que j'ai appris chez M. Morane m'a glacé. Je n'imaginais pas à quel point ce peuple est cruel. Mario semble minimiser le danger.

Ce que j'ai vu ici est suffisant pour comprendre que nous n'avons pas grand-chose à faire avec ce peuple si différent de nous. Je crois bien que je vais abréger mon séjour dans ce pays où je ne comprends pas la langue et où tout m'est étranger...

13

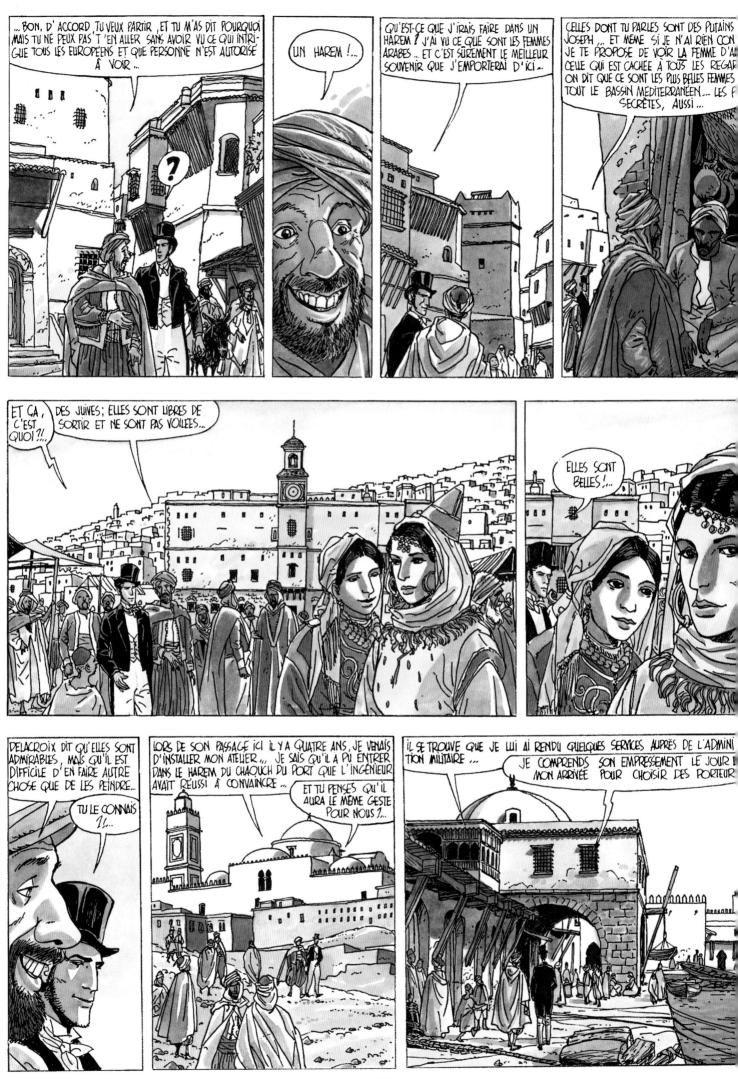

14

Le chaouch du Port, Omar ben Kada est un des anciens raïs ou corsaires du Dey. Après avoir été le plus intrépide ennemi des chrétiens, il a vu son pays conquis et semble s'y résigner. Il remplit avec zèle un service à la Marine pour le compte des Vainqueurs. Il nous a accordé le droit de voir son harem comme un honneur, car il semble convaincu des bienfaits que la France apporte à son pays...

NGTEMPS, SIDI
ONGTEMPS !

ÇA Y EST, FINI, SIDI, FINI !...

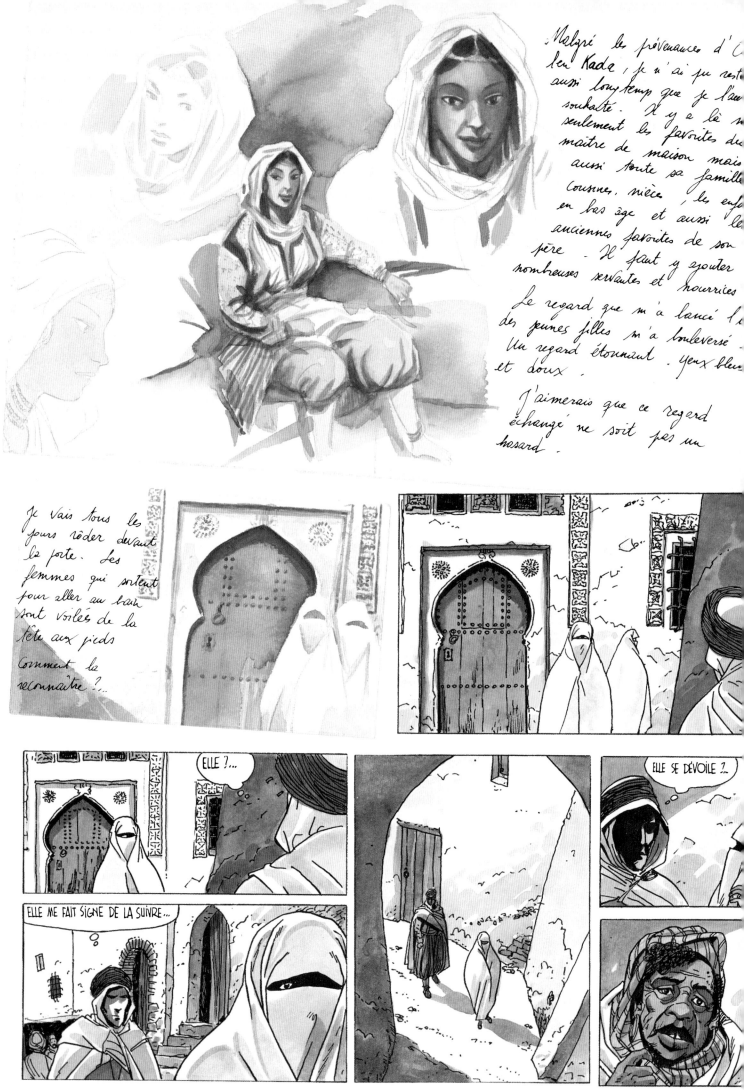

Malgré les prévenances d'(...) ben Kada, je n'ai pu rester aussi longtemps que je l'au(...) souhaité. Il y a là n(...) seulement les favorites du maître de maison mais aussi toute sa famille, cousines, nièces, les enf(...) en bas âge et aussi le(...) anciennes favorites de son père. Il faut y ajouter (...) nombreuses servantes et nourrices

Le regard que m'a lancé l(...) des jeunes filles m'a bouleversé. Un regard étonnant. Yeux bleu(...) et doux.

J'aimerais que ce regard échangé ne soit pas un hasard.

Je vais tous les jours rôder devant la porte. Les femmes qui sortent pour aller au bain sont voilées de la tête aux pieds

Comment la reconnaître ?...

ELLE ?...

ELLE ME FAIT SIGNE DE LA SUIVRE...

ELLE SE DÉVOILE ?...

17

Chapitre 2
UNE PROMENADE MILITAIRE

Voilà maintenant 6 mois que j'apprends l'Arabe. Mon professeur est un notable descendant des Maures Espagnols. Il m'entretient de la langue et des coutumes du pays et il me fait lire le Coran.

Je peux communiquer maintenant avec Djemilah. Elle me demande même de lui apprendre quelques mots de Français. Nos rencontres se font toujours sur la terrasse à la tombée de la nuit.

Souvent nous restons de longs moments sans nous parler et j'ai alors l'impression que je finirai ma vie dans ce pays à côté d'elle.

...AS VU TOUT CE BEAU ...DE POUR LE BAL DU ...VERNEUR ?!!... ET CES ...ES !!... AUTRE-CHOSE QUE ...FILLES À SOLDATS !!...

OUAIS... ET PENDANT CE TEMPS, NOUS AUT' ON CRÈVE DE FAIM, ET ON VA NU-PIEDS !!...

ALLEZ, AVANCE !...

TU VERRAS QU'ON FINIRA PAR LES CIVILISER, CES GAILLARDS !...

...ATURELLEMENT, CETTE PETITE ...TRÈS BELLE, ET ELLE T'AIME, MAIS ...TE TRACASSES TROP... TU AS BESOIN ...DISTRACTIONS, DE RENCONTRER D'AUTRES GENS...

REGARDE TOUTES CES JOLIES FEMMES !... LEURS MARIS SONT OFFICIERS, CERTAINS SONT LOIN... OU MIEUX, ELLES SONT DÉJÀ VEUVES !... MAMMA MIA! SI J'AVAIS TA GUEULE !!...

CES ARABES SE BATTENT COMME DES LIONS !... CE SONT DE VRAIS CHOUANS...

IL FAUT UN SYSTÈME DE REPRÉSAILLES IMPITOYABLES; POUR 3 TÊTES COUPÉES CHEZ LES SOLDATS, IL FAUT EN RÉCLAMER 300 AUX TRIBUS VOISINES !...

...À CE MÉTIER, LA SENSIBILITÉ S'ATROPHIE... DANS TOUTES CES OPÉRATIONS DE GUERRE, IL Y A DES SCÈNES À FAIRE PLEURER LES PIERRES... EH BIEN NOUS POUVONS REGARDER TOUT ÇA AVEC UNE INDIFFÉRENCE QUI FAIT FRÉMIR !...

MON DIEU! JE VOUS EN PRIE, NE PARLEZ PLUS DE CETTE GUERRE AFFREUSE !...

AINSI, MONSIEUR CONSTANT, VOUS Ê... TRAIN D'APPRENDRE L'ARABE... CETTE TUME DEVRAIT SE GÉNÉRALISER CHEZ N... FICIERS... POURQUOI NE PAS VOUS JC À NOS TROUPES ?... NOUS AVONS GF BESOIN D'INTERPRÈTES DE CONFIAN...

NON, NON, LES DÉBORDEMENTS AUX DÉPENS DE LA POPULATION SONT INADMISSIBLES ! NOUS NE SOMMES PAS LÀ POUR METTRE LE PAYS À FEU ET À SANG : IL FAUT PENSER À L'AVENIR DE LA COLONIE !

ALLEZ DIRE ÇA AUX SOLDATS ! LORSQU'ILS TROUVENT SUR LES CHAMPS DE BATAILLE LEURS CAMARADES DÉCAPITÉS, ILS JURENT DE NE PAS FAIRE DE QUARTIER

TOUTES LES GUERRES SONT AFFREUSES, MADEMOISELLE, MAIS ELLES ONT GÉNÉRALEMENT DES CONTREPARTIES... CELLE-CI N'EST VRAIMENT AVANTAGEUSE QUE POUR NOUS MILITAIRES, CAR LES ANNÉES COMPTENT DOUBLE !...

EUH... C'EST QUE... JE SUIS PEINTRE, PAS MILITAIRE !...

JUSTEMENT, LE GOUVERNEUR PRÉPA... UNE EXPÉDITION CONT... CONSTANTINE, D'ICI Q... QUES JOURS, ET IL V... DRA CERTAINEMENT IM... TALISER CETTE CAMPA... VOUS SERIEZ DOUBL... MENT UTILE...

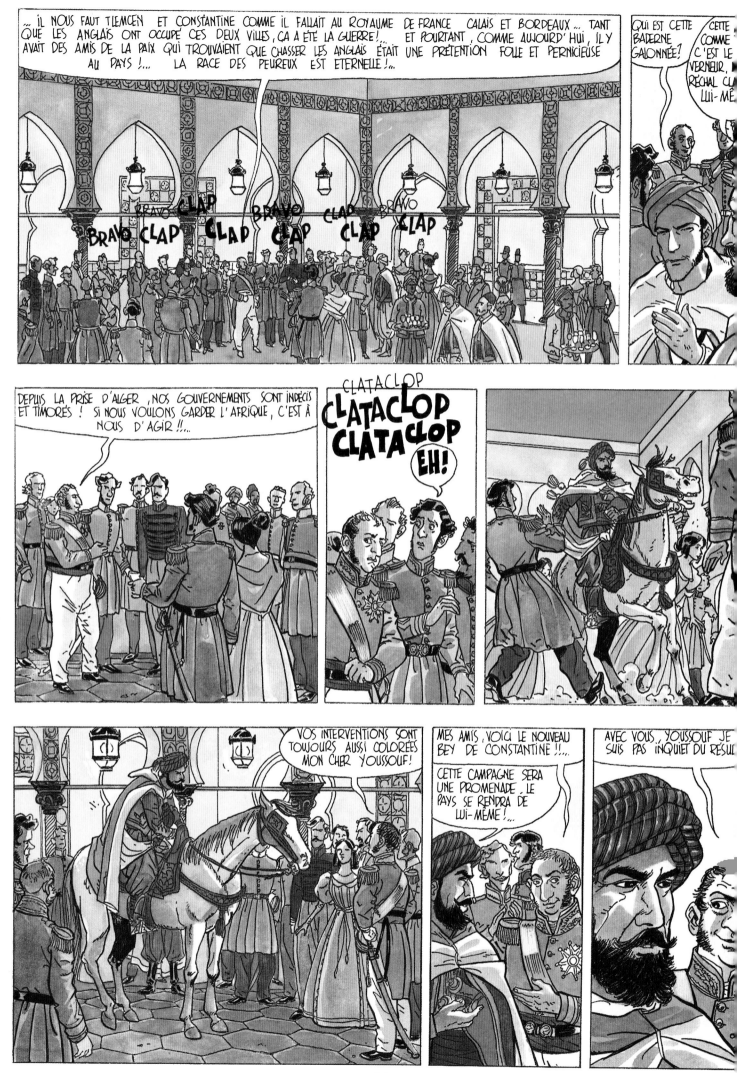

JE SUIS CONTENT QUE VOUS AYEZ CHANGÉ D'AVIS, MONSIEUR CONSTANT.

13 Novembre 1836
Départ de Bône.
Environ 9000 hommes.
Chasseurs d'Afrique,
Zouaves. En réalité
les uniformes sont déjà
en lambeaux

28

29

Le Maréchal Clauzel a fait lithographier un ordre du jour non daté avec cette phrase : « Soldats ! nous entrons aujourd'hui à Constantine ! »

Pour essayer d'apprendre quelque chose sur Djemilah, je me suis porté volontaire pour faire partie de la délégation chargée de négocier la reddition de la Ville. Aucun arabe ici ne veut se rendre, surtout sachant que c'est Youssouf qui remplacerait l'actuel Bey Ahmed. Ce Youssouf qui est si bien vu de l'État-Major a parmi les Arabes une réputation diabolique.

Aucune nouvelle de Djemilah. Quand je pense que j'étais peut-être à quelques mètres d'elle...

Le Maréchal a décidé d'attaquer par le pont, mais sans canons de siège, l'opération me paraît perdue d'avance

Constantine sur son piton rocheux. La neige commence à tomber.

ATTENTION ILS SORTENT

SONNEZ LA RETRAITE CHANGARNIER, VOUS RESTEZ AVEC VOTRE 2e LÉGER POUR NOUS COUVRIR !...

32

Chapitre 3
LES JARDINS
OÙ COULENT LES FLEUVES

MARIO! COMMANDANT MAREY! QU'EST-CE QUI M'EST ARRIVÉ?

ÇA FAIT TROIS JOURS QUE TU DÉLIRES!

À TON RETOUR DE CONSTANTINE, TU ES ALLÉ VOIR OMAR BEN KADA... JE NE SAIS PAS CE QU'IL T'A DIT MAIS TU ES SORTI DE LÀ DANS UN ÉTAT SECOND ET TU AS DISPARU À CHEVAL. TU EN ES TOMBÉ EN SORTANT D'ALGER... DEUX BÉDOUINS T'ONT RAMENÉ ICI SUR LEUR ÂNE

TROIS JOURS...

DJEMILAH EST... IL EST TROP TAR... MAINTENANT!...

ON M'A DIT QU'ELLE EST MARIÉE À UN COULOUGLI, QU'EST-CE QUE C'EST ?...

NOUS AVONS ÉTÉ OCCUPÉS PENDANT TROIS SIÈCLES PAR LES TURCS... LES ENFANTS QU'ILS ONT EUS AVEC LES FEMMES D'ICI S'APPELLENT DES COULOUGLIS...

LES ARABES NE LES AIMENT PAS, CAR ILS REPRÉSENTENT L'OPPRESSEUR TURC. DE PLUS CE SONT SOUVENT EUX QUI POSSÈDENT LA TERRE

Panel 1: ...français, avez levé l'oppression turque ...s êtes maintenant depuis 7 ans en guerre ...es Arabes, qui, débarrassés des Turcs ...soins ne sont pas prêts à vous voir les remplacer!...

Panel 2: ...En chassant les gouvernants turcs, à votre arrivée, vous avez favorisé l'émancipation des Arabes qui se sont retournés contre leurs anciens maîtres... En dehors des zones contrôlées par vous, les Turcs et les Coulouglis ont été massacrés

Nous avons commis une grave erreur en entrant à Alger, il y a 7 ans. Il aurait suffi de conserver la structure mise en place depuis 3 siècles par les Turcs qui pour gouverner le pays ont toujours été moins nombreux que nous ne le sommes aujourd'hui. Nous aurions ainsi profité de l'administration existante et nous aurions épargné nos soldats...

...nfin, la ...est signée, ...bien là ...sentiel...

VOUS L'AVEZ TRAITÉE À DES CONDITIONS EXORBITANTES POUR LA FRANCE. VOUS AU-RIEZ DÛ ME CONSULTER AVANT DE TOUT ACCEPTER!... VOUS AVEZ ENVOYÉ LE TEXTE DU TRAITÉ AU MINISTÈRE SANS M'EN AVISER! SACHEZ, GÉNÉRAL BUGEAUD, QUE JE N'APPRÉCIE PAS DU TOUT VOTRE ATTITUDE!...

ALLONS, MONSIEUR LE GOU-VERNEUR... LE MINISTRE LUI-MÊME M'A MANDATÉ POUR TRAITER AVEC ABD EL KADER ... ET PUIS, QUI MIEUX QUE MOI SON VAINQUEUR À LA SIKKAK POUVAIT TRAITER AVEC LUI?!...

CETTE PAIX N'EST NI AVAN-TAGEUSE, NI HONORABLE! ELLE REND L'ÉMIR PLUS PUIS-SANT QU'AUCUNE VICTOIRE N'AURAIT PU LE FAIRE!

ABD EL KADER EST UN ADMIRATEUR DE LA CIVILISATION OCCIDENTALE ... IL EST L'HOMME QU'IL FAUT.. IL A ÉTÉ CHOISI PAR LES ARABES EUX-MÊMES. IL PARVIENDRA À LES RÉUNIR DANS LE DESSEIN DE LA FRANCE: IL VEUT INTRODUIRE CHEZ SON PEUPLE NOTRE CULTURE, NOTRE INDUSTRIE ET NOS ARTS.. JE ME PORTE GARANT DE CET HOMME!...

31 mai 1837

...paix vient d'être signée entre ...al Bugeaud et Abd El Kader. ...dit que ce traité est controversé dans ...milieux officiels. Il n'aurait pas ...aval du nouveau gouverneur, le ...éral Damrémont. Abd El Kader est un homme de grande ...peut-être est-ce pour moi l'occasion ...envie, tant en France qu'en Algérie. ...pénétrer le milieu arabe pour ...trouver Djemilah en proposant mes ...ervices d'interprète à Abd El Kader. ...Il va chercher à soumettre les tribus qui lui résistent encore...

...Les Coulouglis en font partie. Djemilah est en danger. En étant dans les bonnes grâces de l'Emir, je parviendrai peut-être à le sauver. Voici la dernière page de ce carnet. Je ne peux l'emporter avec moi, ce serait trop risqué.

ALORS, TU AS BIEN RÉFLÉCHI, TU T'EN VAS?...

ADIEU, MARIO...

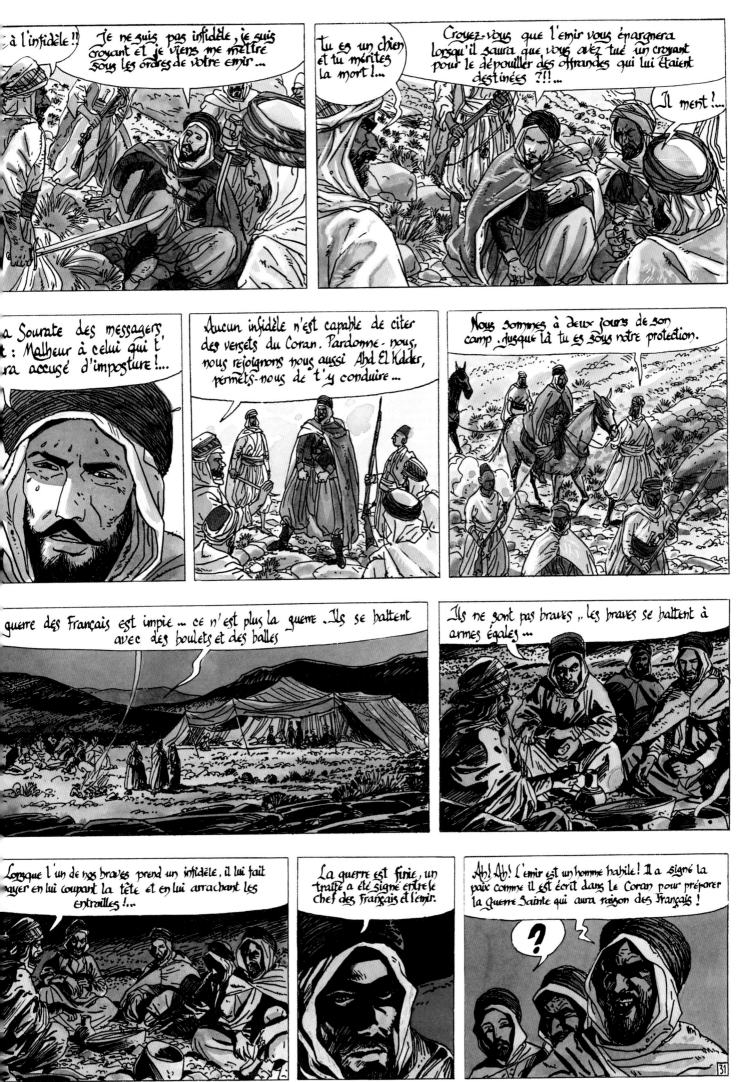

L'émir va te recevoir...

Ainsi, tu es un roumi converti... sois le bienvenu, car un nouveau croyant vaut mieux que 1000 infidèles tués au combat... comment t'appelles-tu ?...

Les musulmans d'Alger m'appellent Youssef...

Pourquoi es tu venu jusqu' ici !...

Pour toi, pour te servir et servir la paix. Je suis venu dès que la paix a été signée avec les Français... et puisque ton dessein est de régénérer la nation arabe, il me faut te dire la vérité :

Ma conviction est que pour accomplir cette œuvre, il faut que tu vives en paix avec les Français. Si tu observes fidèlement les conditions du traité, tu obtiendras tout ce que tu voudras... Si tu leur fais la guerre, tu te retrouveras en face d'un ennemi puissant et déterminé. C'est pourquoi je pense t'être utile dans tes rapports avec eux...

En venant ici, c'est D. que tu es venu servir, et non pas moi. Le très haut t'a inspiré la pen d'embrasser l'islam, m tu raisonnes encore com un chrétien ! Il faut é que tu étudies le Cora et lorsque Dieu t'au illuminé de sa grâce, yeux s'ouvriront à la vérité...

42

43

44

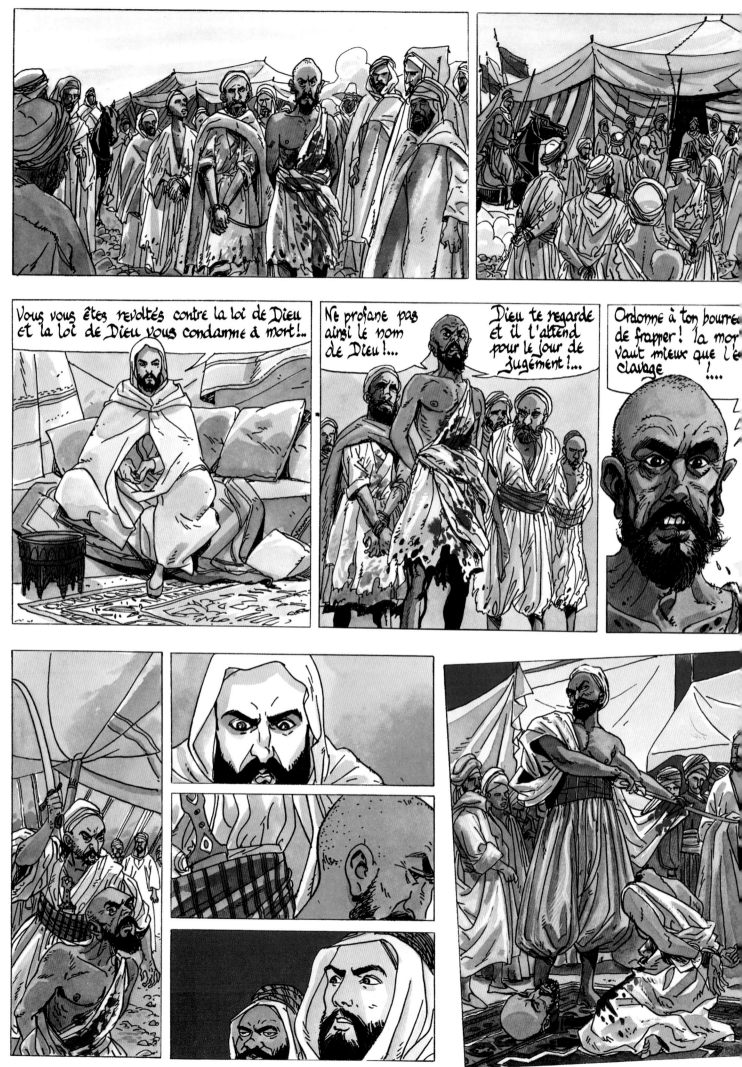

Vous vous êtes revoltés contre la loi de Dieu et la loi de Dieu vous condamne à mort !...

Ne profane pas ainsi le nom de Dieu !...

Dieu te regarde et il t'attend pour le jour de jugement !...

Ordonne à ton bourreau de frapper ! la mort vaut mieux que l'esclavage !....

Aïn Mahdi.
L'heure de la
prière. Voilà 6 mois
qu'Abd El Kader fait
le siège de cette ville
où sont retranchées
les tribus qui lui
sont encore hostiles
à leur tête
Sidi Mohamed
Tidjani.
J'ai réussi
à trouver
de quoi
dessiner
un
peu.

m'as appeler ?

Mes oukils d'Alger et d'Oran m'ont fait parvenir des journaux français : j'aimerais que tu me traduises ce qu'on y dit de moi.

Ce que je vois là me confirme dans mon idée : si tu restes en paix avec les français, ils te donneront tout ce que tu souhaites obtenir par la guerre ...

Tu es considéré comme un ami de la France

Tant mieux !... la surprise n'en sera que plus grande ... Dès que j'en aurai fini avec ces rebelles, ce sera au tour des Français ...

Permets-moi de te parler franchement comme je l'ai fait au premier jour de notre rencontre !...

Ce qui se passe en ce moment avec Tidjani doit t'ouvrir les yeux sur ce qui peut arriver avec les Français !...

Tu as déjà perdu beaucoup d'hommes dans ce combat. Tes fidèles commencent à te lâcher et ton siège est inefficace : pendant les trèves, les habitants d'Aïn-Mahdi viennent échanger des marchandises avec tes tribus.

La résistance d'une partie des tribus qui se réclament de l'Islam et qui ont déjà victorieusement résisté aux turcs est mauvaise pour ton prestige. Il faut que tu négocies avec Tidjani. Tu prouveras ainsi que l'unification de ton peuple peut se faire autrement que dans le sang !...

Les Tidjani m'ont défié ! je veu[x] une reddition sans conditions. S[i] je détruis le Ksar où ont échoué l[es] turcs, mon autorité sera reconn[ue] de tous !...

Je gouverne la loi à la main. Si la loi l'ordonne, je ferai moi-même tomber la tête de mon propre frère !...

Quoi qu'il en soit, je te remercie de m'avoir parlé franchement... tu peux te retirer...

Encore une tribu qui a décampé cette nuit...

Sidi Youssef !

?...

48

Salut, gardes, tout va bien ?...

Rien en vue, Sidi Youssef, à part l'orage...

Dépêche-toi de te mettre à l'abri, la pluie va tomber !...

Brave Aïcha, tu avais raison, cette porte n'est pas surveillée...

Vite ! mène-moi à Djemilah ... mais, qu'est-ce qui t'arrive Aïcha ?...

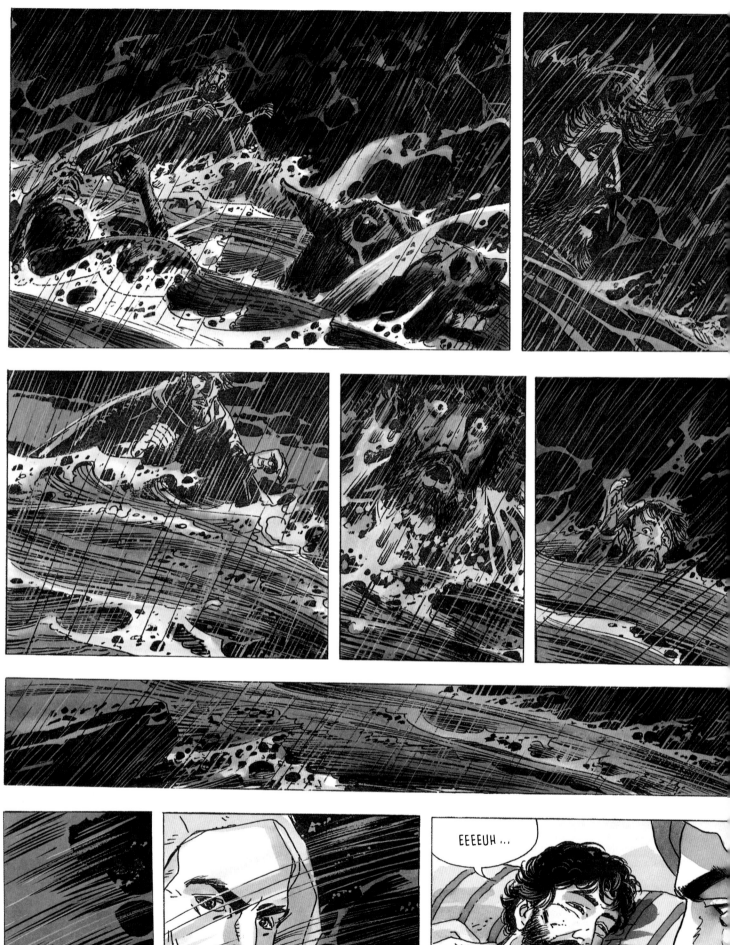

EEEEUH ...

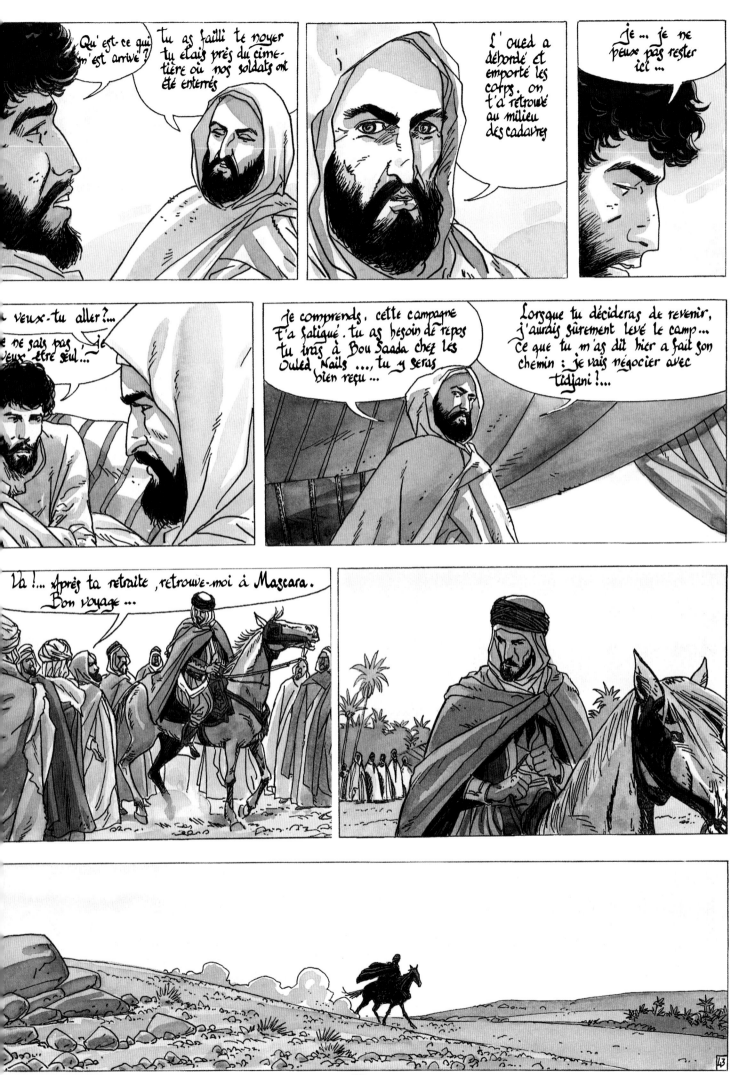

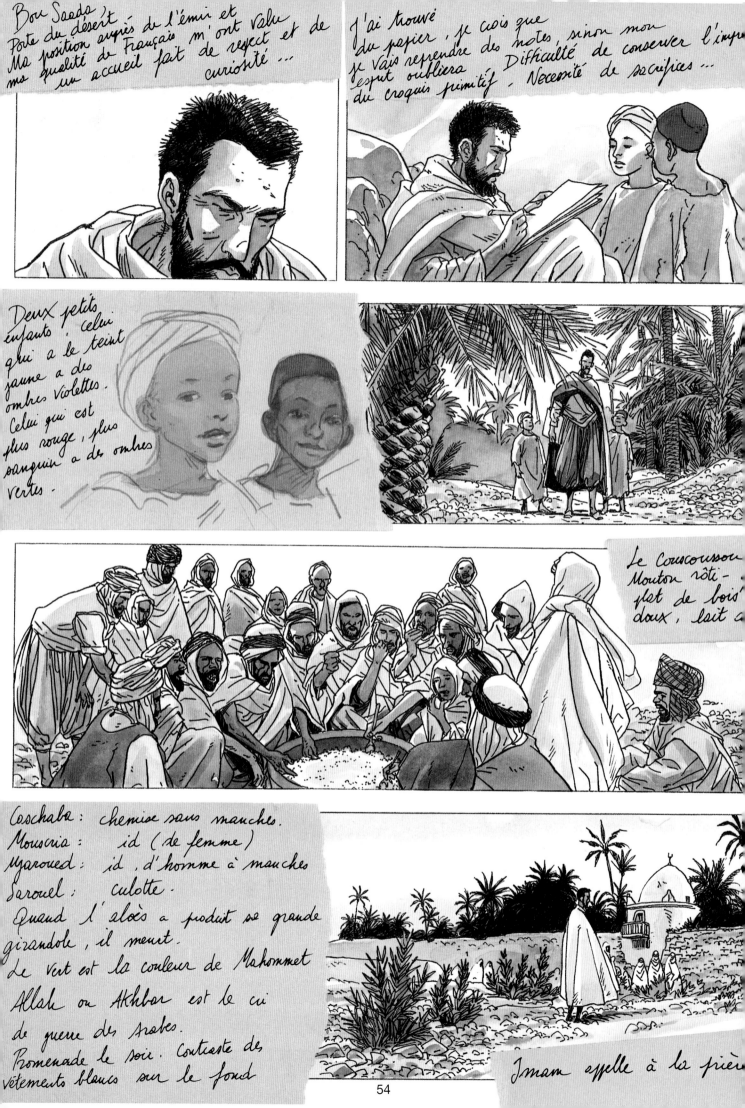

Bou Saada.
Porte du désert
Ma position auprès de l'émir et
ma qualité de Français m'ont valu
un accueil fait de respect et de
curiosité ...

J'ai trouvé
du papier, je crois que
je vais reprendre des notes, sinon mon
esprit oubliera. Difficulté de conserver l'impr[...]
du croquis primitif. Nécessité de sacrifices ...

Deux petits
enfants. Celui
qui a le teint
jaune a des
ombres violettes.
Celui qui est
plus rouge, plus
sanguin a des ombres
vertes.

Le Couscoussou
Mouton rôti -
plat de bois
doux, lait a[...]

Ceschaba: chemise sans manches.
Mouscria: id (de femme)
Myaroued: id, d'homme à manches
Saronel: culotte.
Quand l'alœs a produit se grande
girandole, il meurt.
Le Vert est la couleur de Mahommet
Allah ou Akhbar est le cri
de guerre des Arabes.
Promenade le soir. Contraste des
vêtements blancs sur le fond

Imam appelle à la priè[...]

54

me rends compte maintenant seulement que j'ai définitivement perdu Djemileh. Ce pays me l'a prise comme il me l'avait donnée... Une douce illusion...

Aujourd'hui qu'elle n'est plus, c'est comme si tout ce que j'avais fait et ce que j'avais été, devait s'évaporer comme un mirage...

présence auprès d'El Kader ne justifie plus...

Le dessein de cet homme est juste: il veut préserver son pays de l'occupation militaire française...

Mais je suis Français, je suis dans le camp des envahisseurs. Je ne dois pas oublier que pour l'approcher j'ai trahi sa confiance en feignant d'être Musulman...

...rais pu le devenir ...Djemileh ...Il n'y a [aujour]d'hui plus de raison [qui me pous]sait qui m'a poussé à agir et brisé...

Je vais rejoindre l'émir à Mascara et lui avouer la vérité. Je dois être avec lui aussi loyal qu'il l'a été avec moi...

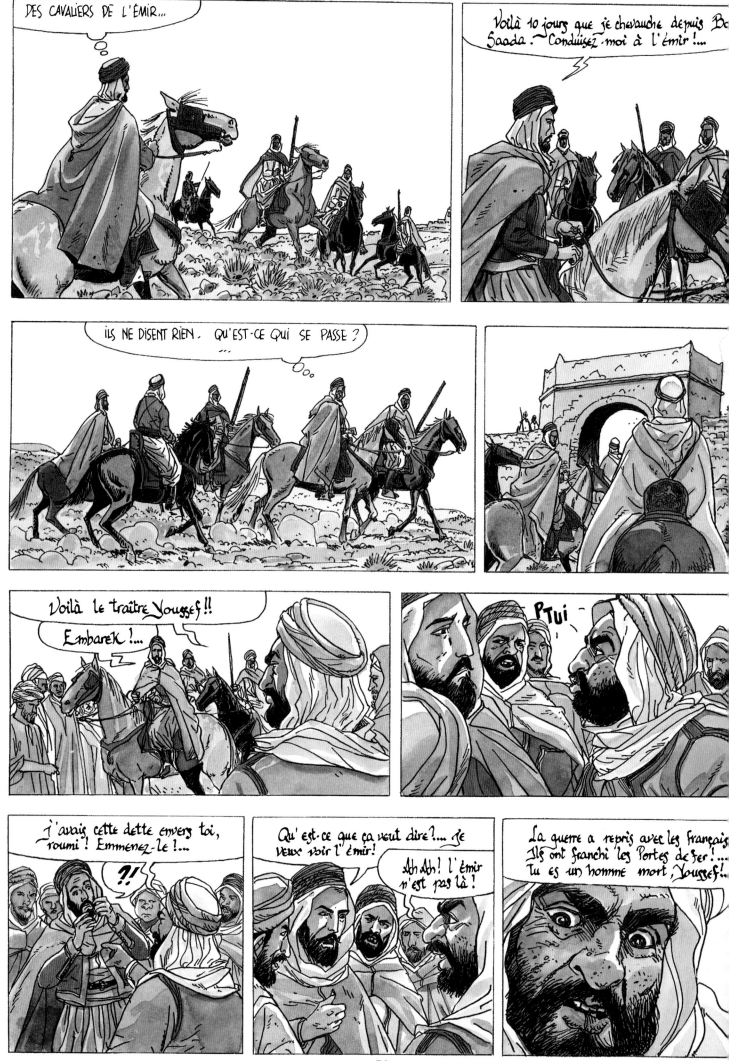

Chapitre 4
PASSION D'AFRIQUE

59

60

J'AI PRÉPARÉ LES CHEVAUX. METS CES VÊTEMENTS, ET PR[ENDS] CE FUSIL... JE TE FERAI PASSER POUR MON GAR[DE]

QUI VA LÀ ?!... ON NE PASSE PAS !...

Et alors !... tu veux que je te fasse donner la bastonnade par mon chaouch pour t'apprendre à reconnaître l'oukil d'Abd El Kader ?!

Tu as compris, imbécile ?... Ouvre la porte à l'oukil de l'Émir !...

C'est curieux, l'oukil n'avait pas de garde à son arrivée...

Quoi

EH ! TU NE M'AS PAS DIT CE QU'EST DEVENUE DJEMILAH ?

ELLE EST MORTE...

...MERDE ! JE SUIS DÉSOLÉ !...

TOUT CE CHEMIN PARCOURU M'[A] CHANGÉ... JE NE SAIS PAS ENCO[RE] SI LES LEÇONS DU MALHEUR [M']ONT RENDU MEILLEUR OU PL[US] CRUEL...

NOTRE AGHA QUI FAISAIT ROUTE VERS LE CAMP EST TOMBÉ DANS UNE EMBUSCADE DES OULED-RAHMAN . IL A ÉTÉ MASSACRÉ AINSI QUE 12 DE SES CAVALIERS ...

CES OULED RAHMAN SONT DES SCÉLÉRATS !... C'EST LEUR FAÇON D'AGIR : L'EMBUSCADE ET LA TRAÎTRISE !...

C'EST UN COUP TRÈS FÂCHEUX QUI ME PRIVE D'UN HOMME DÉVOUÉ ET D'EXCELLENTS CAVALIERS...

LE FRÈRE DE L'A... A PU LEUR ÉCHAPPE... VEUT NOUS MENER... QU'À LEUR REPAI...

ALORS NOUS LES TENONS ...

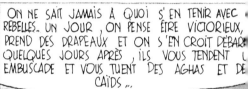

ON NE SAIT JAMAIS À QUOI S'EN TENIR AVEC... REBELLES. UN JOUR , ON PENSE ÊTRE VICTORIEUX,... PREND DES DRAPEAUX ET ON S'EN CROIT DÉBARR... QUELQUES JOURS APRÈS , ILS VOUS TENDENT U... EMBUSCADE ET VOUS TUENT DES AGHAS ET DE... CAÏDS ...

... CETTE AFFAIRE , AU FOND EST PEU DE CHOSE , C'EST UNE AFFAIRE ENTRE ARABES ... MAIS SUR QUOI COMP- TER , GRANDS DIEUX ?!...

TOUTE LA TRIBU EST REPLIÉE DANS CES CAVERNES ?... PARFAIT ! PRÉPAREZ DES BRÛLOTS ET PLACEZ-LES DEVANT LES ISSUES , NOUS ALLONS LES ENFUMER COMME DES RENARDS !!...

PARTONS MARIO !.. J'EN AI ASSEZ...

TU AS RAISON ...

64

PARS! VA-T'EN!

FOUS LE CAMP! TU COMPRENDS

IL FAUT PARTIR, JOSEPH ...

MÊME S'ILS NE PEUVENT PAS SAVOIR QUE C'EST TOI QUI AS FAIT ÇA, ILS VEULENT QUE TU LEUR FOURNISSES DES RENSEIGNEMENTS SUR ABD EL KADER ...

TU NE PEUX PLUS RESTER ICI ... IL FAUT QUE TU RENTRES EN FR...

66

RDE TOUS CES ÉMIGRANTS QUI ARRIVENT PAR BATEAUX ENTIERS ENTÔT CE PAYS SE COUVRIRA DE FERMES ET DE VILLES EUROPÉENNES ...

ILS VONT AIMER CE PAYS , NON POUR CE QU'IL EST , MAIS PARCE QU'ILS Y APPORTENT LEURS RÊVES ...

JE VAIS ESSAYER DE ME REMETTRE À PEINDRE ... IL FAUT QUE J'OUBLIE TOUT ET QUE JE RÉAPPRENNE LES RAISONS QUI M'ONT FAIT AIMER CE PAYS ... C'EST ÇA QUE JE DOIS METTRE SUR LA TOILE ...

TU SAIS, DEPUIS QUE JE SUIS ICI , JE N'AI RIEN PEINT D'AUTRE QUE DES PORTRAITS DE MILITAIRES OU DE NOTABLES...

PEUT-ÊTRE QUE C'EST AU FOND LA MEILLEURE FAÇON DE REPRÉSENTER L'ALGERIE D'AUJOURD'HUI...

'AI VU FAIRE SUR TES CARNETS DES DESSINS DE AGES ET DE GENS D'ICI ... EH BIEN TU VOIS, MOI , JE NE PEUX PAS...

C'EST TRÈS BIEN AINSI ... JE N'AI PAS BESOIN D'IMAGES D'ICI, J'Y VIS...

... LA PEINTURE EST INSUFFISANTE À TRADUIRE CE QUI RELÈVE DE LA MYSTIQUE, DE LA TENTATION, DE LA PROMESSE...

ÇA VA POUR AUJOURD'H

OUS POUVEZ VOUS RHABILLER...

PAS TÔT: FAIT CHAUD...

... D'AILLEURS, JE VOULAIS VOUS DIRE, IL FAUDRA QUE VOUS TROUVIEZ UN AUTRE MODÈLE...

JE PARS EN ALGÉRIE DANS DEUX SEMAINES POUR Y COMPLÉTER MES ÉTUDES DE PEINTURE...

24 mai 1846
Voilà exactement 10 ans, je débarquai en Algérie...

Aujourd'hui, on dirait que le voyage en Orient est aussi indiqué pour l'artiste que le pèlerinage Italie...

On va y chercher à la une lumière, mais au vaine impression de retrou racines de notre civilisatio

Depuis mon expérience en Algérie, je n'ai cessé de chercher à peindre les mystères et les beautés de l'Orient...

L'Orient est une femme qui tantôt s'offre, tantôt se refuse.

L'Orient est une femme que nous voulons prendre et posséder en allant jusqu'au viol...

L'Orient est une femme qui nous échappera toujours.

GLOSSAIRE DES TERMES ARABES

AGHA : mot désignant à l'origine un dignitaire de haut rang ; par extension : chef, maître, seigneur.

BEY : mot turc désignant une autorité, un dignitaire ; titre des souverains jadis vassaux du Sultan.

CAÏD : chef de tribu.

CHAOUCH : sergent de l'armée turque; huissier, planton, appariteur.

CORAN : de l'arabe al qur'àn : "la lecture". Livre sacré des musulmans ; se compose de 114 chapitres ou sourates. Recueil de dogmes et de préceptes moraux. Source de la civilisation musulmane.

COULOUGLI : nom donné aux descendants issus de mariages entre Turcs et femmes arabes.

COUSCOUSSOU : ancien mot pour couscous.

EMIR : chef, prince, mais surtout commandeur des croyants.

HADJOUTE : nom d'une tribu de la plaine de la Mitidja.

IMAM : personnage religieux qui préside au culte, prêtre musulman.

KSAR : village fortifié.

OUKIL : fonctionnaire ; on désignait ainsi les représentants d'Abd El Kader.

RAÏS : nom turc donné aux capitaines de corsaires de la Régence d'Alger.

ROUMI : déformation de romain ; nom donné aux Européens par les Arabes ; remonte sans doute à l'époque de l'occupation romaine.

SIKKAK : nom d'une rivière d'Algérie qui vit la victoire militaire du général Bugeaud sur Abd El Kader, le 6 juillet 1836.

SOURATE : de l'arabe sura : chapitre du Coran.

YATAGAN : sabre arabe recourbé.